INVESTIR P[...]

LES

DÉBUTANTS

GUIDE DE L'INVESTISSEUR INTELLIGENT POUR FAIRE FRUCTIFIER VOTRE PATRIMOINE ET PRENDRE UNE RETRAITE ANTICIPÉE

Le présent document vise à fournir des renseignements exacts et fiables sur le sujet et la question abordés. La publication est vendue avec l'idée que l'éditeur n'est pas tenu de rendre des comptes, officiellement autorisé, ou autrement, des services qualifiés. Si des conseils sont nécessaires, qu'ils soient juridiques ou professionnels, une personne expérimentée dans la profession devrait être commandée.

- D'après une déclaration de principes qui a été acceptée et approuvée également par un comité de l'American Bar Association et un comité d'éditeurs et d'associations.

Il n'est en aucun cas légal de reproduire, de dupliquer ou de transmettre tout ou partie de ce document, que ce soit par voie électronique ou sur support papier. L'enregistrement de cette publication est strictement interdit et tout stockage de ce document n'est pas autorisé sans l'autorisation écrite de l'éditeur. Tous droits réservés.

Les informations fournies dans le présent document sont déclarées véridiques et cohérentes, en ce sens que toute responsabilité, en termes d'inattention ou autre, en cas d'utilisation ou d'abus des politiques, processus ou instructions qu'il contient, relève de la seule et entière responsabilité du lecteur destinataire. En aucun cas, l'éditeur ne pourra être tenu responsable, directement ou indirectement, d'une quelconque réparation, d'un quelconque dommage ou d'une quelconque perte pécuniaire due à l'information contenue dans le présent document, ni d'une quelconque responsabilité juridique.

Les auteurs respectifs possèdent tous les droits d'auteur non détenus par l'éditeur.

Les informations contenues dans le présent document sont proposées à titre d'information uniquement, et sont universelles en tant que telles. La présentation de l'information est sans contrat ni garantie d'aucune sorte.

Les marques de commerce utilisées sont utilisées sans consentement et la publication de la marque de commerce est faite sans la permission ou l'appui du propriétaire de la marque de commerce. Toutes les marques de commerce mentionné dans le présent document le sont à des fins de clarification seulement et sont la propriété de leurs propriétaires respectifs, qui ne sont pas des associés au présent document.

Table des matières

Introduction

Cher Lecteur,

Tout d'abord, je tiens à vous remercier d'avoir acheté ce livre. Qu'il s'agisse de votre première étape pour en apprendre davantage sur les placements et la croissance de votre patrimoine ou de la suite de votre parcours, j'espère qu'elle vous apportera une valeur ajoutée.

Ce livre contient de l'information sur les principes de base du placement et son importance, ainsi que sur la façon de commencer à faire fructifier votre patrimoine et d'éviter les pièges courants auxquels les débutants sont confrontés. Il s'adresse aux débutants qui veulent se familiariser avec l'investissement plutôt que de traiter avec des stratégies d'investissement compliquées. Aussi, j'aimerais ajouter que vous ne trouverez rien dans ce livre pour vous enrichir du jour au lendemain parce que cela n'existe tout simplement pas. Il est important de se rappeler qu'investir n'est pas la même chose que jouer. Les gens qui ont cette idée fausse sont ceux qui échouent le plus rapidement.

Alors que de nombreux livres sur l'investissement et la finance peuvent s'enliser dans des termes financiers compliqués et d'autres duvets qui rendent difficile le passage aux premiers chapitres, ce livre est délibérément pertinent et facile à suivre.

Merci encore d'avoir téléchargé ce livre. J'espère que vous en profiterez !

Chapitre 1: Pourquoi investir?

Ce que les riches font différemment

Étirer votre chèque de paie pour joindre les deux bouts à la fin du mois peut parfois s'avérer très difficile. La plupart des gens ont l'impression de ne jamais gagner assez d'argent ou de ne jamais vivre pleinement leur vie. Ça ne dérangerait personne d'avoir plus d'argent. Que vous soyez quelqu'un de vivant chèque de paie à chèque de paie ou que vous soyez déjà millionnaire, avoir plus d'argent (légalement bien sûr !) n'est presque jamais une mauvaise chose.

Mais pourquoi certaines personnes sont-elles beaucoup mieux nanties que d'autres ? Que font les riches différemment ? Vous vous posez peut-être ces questions de temps à autre. Avant de répondre à ces questions, il est important de noter que lorsque je dis que quelqu'un est riche, je ne veux pas dire qu'il fait un revenu absurde. Leur valeur nette (actif moins passif) est plutôt très élevée. Avoir une valeur nette élevée montre que vous comprenez le jeu de l'argent et la façon de conserver ce que vous gagnez plutôt que de tout dépenser. C'est la raison pour laquelle je ne considère pas les gagnants de loterie comme étant riches. Jusqu'à ce qu'ils puissent prouver qu'ils peuvent soit conserver l'argent qu'ils ont gagné, soit le faire croître au lieu d'être ruinés quelques années plus tard, ils ne sont pas riches à mes yeux.

Il peut paraître que certaines personnes sont simplement destinées à devenir riches, mais ce n'est tout simplement pas le cas. La différence entre les riches et le reste de la société est la différence de mentalité par rapport à l'argent. Ils savent comment faire travailler l'argent pour eux plutôt que de travailler pour eux. Une vérité universellement reconnue est que les riches épargnent et investissent d'abord une partie de leur revenu. Ce n'est qu'après avoir mis de l'argent de côté pour atteindre leurs objectifs qu'ils dépensent. Ils sont prêts à sacrifier le plaisir à court terme pour le gain à long terme. Comme nous le verrons plus loin, il s'agit d'une idée qu'il est important d'adopter lorsqu'on investit.

D'un autre côté, les classes populaires et moyennes font exactement le contraire. Ils évitent souvent d'investir parce que cela signifie qu'ils ne peuvent pas dépenser leur salaire tout de suite et profiter du plaisir qu'ils en retirent. Ils se conforment au matérialisme et toutes leurs économies sont utilisées pour des achats divers (et généralement inutiles) qui apportent une satisfaction immédiate.

Par exemple, disons que deux personnes, l'une ayant une mentalité de classe moyenne et l'autre ayant une mentalité riche, gagnent toutes deux 70 000 $ à un concours. La mentalité de la classe moyenne va immédiatement commencer à magasiner le marché pour une voiture de prestige toute neuve tandis que la mentalité riche va immédiatement commencer à chercher une opportunité d'investissement.

L'état d'esprit de la classe moyenne trouve une belle voiture de luxe tandis que l'autre trouve un bel investissement sûr. Cette belle voiture se déprécie de 15% par an pendant 8 ans alors que le bel investissement génère 10% par an pendant 8 ans. À la fin des 8 années, la voiture vaut 17 349 $ alors que l'investissement vaut 128 616 $. C'est un exemple très pratique pour expliquer pourquoi et comment les riches deviennent plus riches.

Être pauvre n'a rien à voir avec le fait que quelqu'un d'autre soit riche. Nous pouvons tous être financièrement indépendants et prendre une retraite précoce si nous développons l'état d'esprit et les compétences nécessaires et les mettons en pratique.

Faire travailler votre argent pour vous

L'idée principale derrière l'investissement est d'utiliser votre argent pour faire plus d'argent. Bien que cela puisse paraître simple comme idée, ce n'est pas si facile à mettre en œuvre. Ceci sera expliqué plus en détail lorsque vous parlerez des erreurs courantes des débutants ainsi que du rôle que les émotions jouent dans l'investissement.

Épargner, sans parler d'investir, est déjà assez difficile pour la plupart des gens. Vous pouvez épargner une partie de votre salaire pour des objectifs à court terme, comme des vacances ou une voiture, beaucoup plus facilement parce qu'il y a une récompense tangible comme votre objectif. Pour rendre l'investissement plus facile, vous devez prendre conscience que votre argent génère plus de richesse et vous conduit à l'indépendance financière.

L'idée que je peux gagner de l'argent tout le temps, que je travaille ou non, est un concept qui m'enthousiasme à l'idée d'investir. Venant d'un milieu d'employé au départ, j'ai toujours échangé mon temps contre mon argent. Travailler 40 heures par semaine et être payé. Si vous ne faites pas ces heures, personne ne vous paie. En investissant, cependant, vous n'avez pas besoin d'échanger des heures contre de l'argent. Même si vous vous prélassez sur la plage en profitant d'une belle journée ensoleillée, vous pouvez faire de l'argent.

Vous vous asseyez tous les jours au travail et vous gagnez de l'argent pour votre employeur. Au début ou à la fin de chaque mois, vous recevez un chèque de paie qui vous permet de subvenir à vos besoins et à ceux de votre famille et de réaliser vos objectifs à court terme. Cependant, vous avez aussi des objectifs à long terme que vous aimeriez atteindre avant la retraite.

Vous avez deux choix : soit vous maintenez vos habitudes de dépense, soit vous investissez ce montant et vous le regardez-vous faire encore plus d'argent. Je ne dis pas que tu dois te priver des plaisirs de la vie. Même si l'argent est rare ou si vous êtes un grand dépensier, vous pouvez commencer à investir avec un petit montant. Vous n'avez pas besoin de milliers de dollars pour commencer. Même une seule partie de votre chèque de paie peut vous aider à gagner d'énormes sommes d'argent si vous disposez de suffisamment de temps.

Par conséquent, l'investissement s'avère être un choix fantastique pour tout individu. Faire fructifier votre argent peut vous permettre de doubler votre épargne plusieurs fois. À notre époque, l'investissement est le seul moyen fiable de faire fructifier votre patrimoine.

Votre chèque de paie a beaucoup de potentiel, et il peut vous mener beaucoup plus loin que vous ne le pensez. En mettant de côté un petit pourcentage de votre salaire chaque mois et en l'investissant, vous pouvez atteindre vos objectifs futurs sans mettre à rude épreuve votre style de vie actuel, et le meilleur, c'est que l'argent que vous investissez vous rapportera toujours plus. Que vous dormiez, mangiez, fassiez la fête ou passiez du temps avec vos proches, vous deviendrez de plus en plus prospère chaque année.

Une question que vous vous posez peut-être est la suivante : qu'en est-il des effondrements du marché ? Comment pouvez-vous vous enrichir si le marché est en baisse ? Bien que je n'entrerai pas dans les détails à ce sujet dans ce livre, les effondrements de marché peuvent en fait être une bénédiction. Ils présentent de grandes opportunités d'achat pour l'investisseur intelligent parce qu'ils sont finalement toujours suivis d'une reprise qui conduit le marché vers de nouveaux sommets. Il s'agit des marchés baissier et haussier, respectivement.

Vous n'avez pas besoin d'avoir une entreprise ou des propriétés de plusieurs millions de dollars dans le monde entier pour être riche. Il est possible d'investir une partie de votre épargne et de vos chèques de paie et d'obtenir des résultats incroyables au fil du temps.

De plus, l'investissement n'exige pas que vous ayez des connaissances spécifiques qui ne peuvent être acquises que dans une école de commerce de haut niveau. En appliquant simplement les principes fondamentaux, n'importe qui peut avoir un énorme succès.

Le danger de l'inflation

Nombreux sont ceux qui pensent qu'en conservant leur épargne à la banque, leur capital restera en sécurité. Cependant, à cette époque et à cet âge, les taux d'épargne sont faibles et les gains qu'ils génèrent sont moindres qu'ils ne l'étaient auparavant. Ils oublient aussi le pouvoir érosif de l'inflation ou ne savent tout simplement pas de quoi il s'agit.

Un compte d'épargne est idéal pour les objectifs à court terme et les fonds d'urgence. Au cas où vous ne le sauriez pas, un fonds d'urgence est de l'argent que vous mettez de côté en cas de mauvais temps. Il devrait contenir environ 6 mois de votre chèque de paie en cas d'urgence, comme une mise à pied ou toute autre circonstance en raison de laquelle vous ne pouvez pas travailler pendant un certain temps.

Au cas où vous ne savez pas ce qu'est l'inflation, c'est la diminution de la valeur d'achat de l'argent. Par exemple, il y a 40 ans, vous pouviez acheter un Big Mac chez

McDonald's pour 0,75 $ et maintenant, ce n'est pas moins de 5 $ pour le même burger. Leurs coûts ont-ils augmenté ? Probablement. Mais cela ne justifierait pas une augmentation de prix de plus de 6 fois. La raison de cette hausse des prix est due à l'inflation. Puisque l'argent est constamment imprimé par le gouvernement, il y en a une plus grande quantité chaque année, donc sa valeur décroît.

Il est essentiel de se rappeler que l'inflation est toujours à l'œuvre. Il érode votre épargne et fait perdre progressivement de la valeur à votre argent. En le gardant dans votre compte bancaire à un taux d'intérêt inférieur à 3 %, soit le taux d'inflation moyen au moment d'écrire ces lignes, vous perdrez de l'argent.

Au lieu de cela, en investissant votre argent au lieu de simplement l'épargner, il sera protégé par une "couverture d'investissement" qui battra l'inflation. Une fois que vous comprenez qu'en épargnant seulement, vous perdez de l'argent chaque année, la nécessité d'investir devient beaucoup plus évidente. Les riches le comprennent très bien.

Ils ne garderont leur argent dans une banque que s'ils n'ont pas trouvé un placement de valeur. D'ici là, ils pratiquent la patience et, dès qu'une occasion se présente, ils retirent rapidement l'argent et l'investissent.

Investir en vous-même

De loin, l'investissement le plus important que vous pourriez faire est en vous-même et je vous félicite d'avoir fait ce pas en lisant ce livre.

Ouvrir une entreprise n'est pas un investissement précieux si vous ne savez pas comment la gérer. De même, investir dans des actions, des obligations, des biens immobiliers et d'autres instruments financiers ne signifie pas que vous connaîtrez le succès - à moins de savoir ce que vous faites.

Par conséquent, avant d'essayer d'amasser votre richesse, pensez à votre vie. Voyez quelles sont vos bonnes et mauvaises qualités, ce que vous pouvez accomplir, combien de stress vous pouvez gérer, et ainsi de suite. La plupart des gens pensent qu'il devrait suffire de vouloir quelque chose - que l'univers le leur donnera simplement parce qu'ils le méritent.

Et la plupart des gens méritent d'avoir assez d'argent pour ne jamais avoir à y penser. Pourtant, ce n'est pas aussi facile qu'il n'y paraît. Les investisseurs prospères ne se sont pas réveillés comme des millionnaires ou n'ont pas seulement acheté quelques actions et sont devenus riches en quelques semaines. Ils ont fait le travail, ils ont étudié et ils ont développé leurs compétences. Ils ont essayé d'être les meilleurs dans leurs domaines respectifs, sachant que les risques et les efforts seraient récompensés.

Cela ne s'applique pas seulement aux placements, mais à la vie en général. Pour arriver là où vous voulez aller, vous devez faire le travail.

Au fur et à mesure que vous vous améliorez, que vous améliorez vos compétences et votre volonté d'apprendre, vous développerez également la capacité de faire croître votre patrimoine.

Points essentiels

- Investir d'abord, dépenser après. Développer un "état d'esprit riche".

• Faites en sorte que l'argent travaille pour vous au lieu que vous soyez le seul à travailler pour de l'argent.

• L'inflation érode votre épargne.

• L'investissement le plus important est en vous.

Chapitre 2: Le pouvoir de la capitalisation

Faire fructifier votre patrimoine: lentement mais sûrement ou du jour au lendemain?

Nous aimerions tous devenir millionnaires du jour au lendemain. Nous voulons que ce soit comme gagner à la loterie : vous achetez un billet, et soudain, vous êtes riche. Vous pensez au prochain ubier et soudain vous gagnez des millions.

Mais, les chances que cela se produise sont très minces. De plus, faire fructifier votre patrimoine du jour au lendemain ne devrait pas être votre objectif. En fait, si nous revenons à l'exemple de la loterie, la plupart des gagnants de loterie ont tendance à finir fauchés quelques années après avoir gagné et dans une pile de dettes parce qu'ils ne comprennent pas le jeu de l'argent.

Rome ne s'est pas construite en un jour. De la même façon, vous ne pouvez pas vous attendre à une augmentation incroyable de l'argent au début. Comme nous l'apprendrons avec la capitalisation, le rendement de vos placements est généralement faible au début, comparativement au capital que vous y investissez. Cependant, nous apprendrons aussi que les rendements peuvent devenir écrasants avec le temps.

Surtout lorsqu'il s'agit d'investir, il est crucial de prendre son temps et de réfléchir à ses options. Les investisseurs les plus prospères sont ceux qui ont utilisé des stratégies de placement pendant une longue période de temps. Ils n'ont pas essayé de le faire du jour au lendemain. Au lieu de cela, ils ont d'abord investi en eux-mêmes, en leurs connaissances et en leurs compétences. Par la suite, ils ont pris leur argent et l'ont investi dans des placements judicieux.

Même si l'investissement peut comporter un certain degré d'incertitude, il existe des moyens d'y faire face. Votre esprit et vos connaissances devraient être vos plus grandes forces. Et, avec le temps, votre expérience en matière de placement vous aidera à prendre de meilleures décisions. Un conseil très important à garder à l'esprit est de n'investir qu'avec ce que vous pouvez vous permettre. N'utilisez pas les prêts pour investir, les fonds de l'université de vos enfants ou tout autre type de capital que vous ne pouvez pas vous permettre de perdre. Comme nous l'apprendrons dans les chapitres suivants, il est tout aussi important de maîtriser ses émotions que d'investir dans le savoir. Et si vous êtes émotionnellement attaché à l'argent que vous investissez, vous êtes beaucoup plus susceptible de vous planter.

Il est très important de commencer à épargner et à investir tôt, mais il est tout aussi important de ne pas se précipiter dans des placements. Une fois que vous en savez plus sur le marché qui vous intéresse et que vous avez l'impression d'avoir analysé les meilleurs investissements potentiels, c'est alors seulement que vous devriez envisager de faire un investissement.

Pendant ce processus, vous devriez pratiquer la patience. Il est toujours préférable de commencer lentement et d'éviter les pertes énormes plutôt que de tout risquer sur quelque chose, de se brûler et de développer une angoisse de l'investissement.

La capitalisation: comment faire fructifier votre patrimoine avec succès

La capitalisation est un phénomène qui peut faire croître votre patrimoine de façon exponentielle. Vous n'avez pas besoin d'y penser trop souvent. Votre travail consiste à faire un placement initial - vous placez votre capital dans quelque chose en quoi vous croyez et vous laissez le temps de faire le travail pour vous.

Albert Einstein a mentionné un jour que l'intérêt composé est la huitième merveille du monde. La personne qui le comprendra pourra le mériter. Sinon, il devrait le payer. Cela nous ramène au fait que les riches font travailler l'argent pour eux tandis que les autres travaillent pour l'argent. En d'autres termes, la capitalisation peut soit fonctionner pour vous en générant de la richesse à partir de vos placements, soit épuiser votre patrimoine par l'endettement.

Si on vous donne le choix entre prendre un million de dollars ou prendre un sou et le doubler tous les jours, lequel prendriez-vous ? Un autre rebondissement que nous pouvons ajouter est que si vous prenez la route du doublement de centime alors vous pouvez changer d'avis avant le 9ème jour. Plus de 90 % des gens choisissent le million de dollars parce qu'ils ne comprennent pas le pouvoir de la capitalisation. Choisir la voie du doublement de la pièce de 1 cent mène à 5 368 709,12 $ contre 1 000 000 $!

Disons maintenant que vous essayez la route du centime pendant 8 jours. Le 8e jour, vous gagneriez enfin votre premier dollar, un écrasant 1,28 $! Beaucoup de gens ici paniqueraient en pensant qu'ils ont fait le mauvais choix et opteraient plutôt pour le million. Cependant, au 16e jour, ce 1,28 $ est maintenant 327,68 $; au 24e jour, il est 83 886,08 $; et au 30e jour, il est 5 368 709,12 $. Il est important de comprendre que le processus commence lentement, mais qu'une fois qu'il se met en place, les résultats sont étonnants. C'est le pouvoir de la composition en jeu.

Bien que l'exemple soit extrême puisque votre taux de rendement est de 100 % (doublement) et qu'il est composé quotidiennement (doublement chaque jour), ce phénomène peut quand même faire des merveilles pour vos finances. En d'autres termes, la capitalisation aide à expliquer pourquoi l'investissement est si puissant et nécessaire.

D'un autre côté, l'intérêt composé est votre pire ennemi si vous avez une dette importante. C'est pourquoi de nombreuses personnes ont encore de la difficulté à payer leurs factures de carte de crédit, ce qui peut facilement ruiner leur pointage de crédit. Les mêmes principes d'intérêt composé s'appliquent, mais ils s'appliquent maintenant contre vous.

Lorsque vous recevez votre relevé de carte de crédit, il est essentiel de le payer en entier le plus tôt possible. Sinon, les intérêts pourraient s'accumuler et, en fin de compte, vous devrez payer une somme beaucoup plus importante que ce qui était prévu à l'origine.

Pourtant, lorsqu'il s'agit d'achats importants comme les hypothèques et les voitures, vous ne pouvez généralement pas les rembourser tout de suite. Afin d'éviter d'aggraver la situation, payez chaque mois le montant le plus élevé possible au-dessus du versement minimum. Le remboursement de la dette peut être considéré comme une forme de placement assortie d'un taux d'intérêt garanti qui est souvent très difficile à promettre avec d'autres placements. Au lieu de générer des dollars positifs (investissements standard), vous éliminez la génération de dollars négatifs (dette).

L'effet net sur votre patrimoine est exactement le même.

Pour un débutant qui débute dans le domaine de l'investissement, c'est l'une de mes premières recommandations. Bien sûr, vous pouvez faire quelques petits investissements sûrs au début, mais vous pouvez affecter la majeure partie du capital au remboursement de vos dettes. Il est important de noter que cela dépend également du taux d'intérêt de vos dettes. Par exemple, si vous avez une dette de carte de crédit avec un taux d'intérêt de 20 %, il est essentiel de la rembourser immédiatement. Il en va de même pour les autres dettes à taux d'intérêt élevé. Ceci parce qu'il est peu probable que vous trouviez un investissement qui vous garantira un rendement du même ordre de grandeur.

Il est important de se demander s'il est possible de trouver un placement garanti avec le même taux d'intérêt. En tant que débutant, il peut être difficile d'évaluer cela, mais en règle générale, je vous recommande de rembourser toute dette avec un taux d'intérêt de plus de 6% le plus tôt possible.

En comprenant la capitalisation et en apprenant comment investir, vous pouvez facilement prendre votre retraite avec beaucoup plus d'argent que vous ne le pensiez possible. Cependant, pour que la capitalisation fonctionne, il faut que vous gardiez cet argent investi. Vous ne pouvez pas faire un rendement décent un an, puis décider d'acheter un nouveau téléviseur avec les intérêts que vous avez gagnés parce que vous auriez à recommencer l'ensemble du processus de préparation.

Prenons l'exemple du marché boursier où nous gardons nos rendements investis. Vous avez 10 000 $ que vous pouvez investir et décider de l'investir en bourse. Vous pouvez obtenir un taux de rendement de 10 % chaque année.

La fin de la première année, vous avez 11 000 $. Vous réinvestissez le bénéfice de 1 000 $. L'année suivante, vous avez 12 100 $.

Maintenant, imaginez que vous commencez à investir et à réinvestir comme ça dans la vingtaine. Votre objectif principal est de prendre votre retraite à 65 ans, et si vous commencez à l'âge de 25 ans, vous avez 40 ans pour gagner votre patrimoine.

Si vous percevez les gains et que vous ne les réinvestissez pas, après quarante ans, vous n'aurez gagné que 50 000 $ au total. Cependant, si vous réinvestissez continuellement après quarante ans, votre solde final sera de 452 592,56 $! Notez que seul le montant initial de 10 000 $ est investi de votre poche et qu'aucun montant additionnel n'est ajouté au capital initial. Une fois que vous voyez ces chiffres, vous commencez à comprendre comment les riches deviennent tellement plus riches que les classes moyennes et inférieures.

Et si vous aviez commencé à 20 ou 30 ans à la place ? Si vous aviez investi à 20 ans, vous auriez 728 904,84 $! À partir de 30 ans, vous auriez 281 024,37 $! C'est pourquoi il est si important de démarrer le plus tôt possible.

Comment utiliser avec succès la capitalisation à votre avantage

La plupart des gens n'ont pas la patience de s'investir et d'attendre. Ils sont dans l'état d'esprit de faire beaucoup d'argent le plus rapidement possible. Toutefois, comme nous l'avons vu précédemment, il est important de développer la discipline qui vous permettra de conserver autant d'argent que possible et de ne pas avoir accès à ces fonds à moins qu'il n'y ait une urgence (et que votre fonds d'urgence soit épuisé) ou que vous ayez l'impression d'en avoir suffisamment pour prendre une retraite confortable. Cela vous permet d'utiliser tout le potentiel de la capitalisation.

Toutefois, pour illustrer davantage les avantages, je vais utiliser un exemple concret.

Une femme nommée Grace Groner a commencé à investir dans la vingtaine. Après l'université, elle a obtenu un emploi de secrétaire, et elle y est restée pendant plus de quatre décennies.

Son salaire était un salaire moyen. Par conséquent, afin de gagner plus d'argent et d'accroître son patrimoine, elle a acheté trois actions de l'entreprise où elle travaillait. Ils étaient d'environ 60 $ par action, ce qui représente un investissement d'environ 180 $.

Grace Groner n'a jamais vendu ses actions. Au lieu de cela, elle les a conservés pendant 75 ans et a perçu les dividendes (un dividende est une somme d'argent qui est versée aux actionnaires à partir des bénéfices de l'entreprise. Chaque action est assortie d'un dividende. Cependant, toutes les sociétés ne versent pas un dividende).

De plus, elle a continuellement réinvesti ces dividendes et, lorsqu'elle a passé le relais, son investissement total s'élevait à 7 millions de dollars.

Il est important de se rappeler que l'entreprise en question a connu une croissance plutôt régulière au fil des ans. Ils ont augmenté d'environ 14,97 % chaque année, ce qui fait du cours initial des actions une véritable aubaine. Pourtant, Grace ne le savait probablement pas - elle croyait simplement aux placements à long terme.

Points essentiels

- Soyez réaliste avec vos résultats. On ne s'enrichit pas du jour au lendemain.

- La préparation prend du temps, mais les résultats en valent la peine.

- La préparation d'un mélange peut être efficace pour vous ou contre vous. Vous avez le pouvoir de contrôler ça.

Chapitre 3 : Principes importants de financement

Investir contre Spéculer

Vous avez peut-être entendu certaines personnes utiliser ces termes comme synonymes. Cependant, il existe une différence importante entre les investisseurs et les spéculateurs.

Pour commencer, des investisseurs comme Warren Buffett ont bâti tout leur empire commercial en investissant seuls. Ils utilisent l'analyse fondamentale pour déterminer s'ils doivent affecter leur argent à un placement particulier.

Cela signifie qu'ils devaient examiner le potentiel de l'investissement, ainsi que les risques qu'ils pouvaient courir. Par exemple, lors de l'évaluation d'une entreprise, sa solidité financière et sa gestion sont des facteurs vitaux, mais vous devez également tenir compte de la concurrence, de l'état de l'industrie respective et des facteurs macroéconomiques possibles. Ne t'inquiète pas pour tout ça maintenant. Ceci n'est mentionné que pour montrer qu'investir n'est pas aussi facile que de cliquer sur quelques boutons.

Nous pourrions appeler cela investir plutôt que spéculer, car il ne s'agit pas de mouvements rapides et spéculatifs à court terme. Contrairement aux spéculateurs, les investisseurs prospèrent lorsqu'ils trouvent un investissement qui portera ses fruits dans l'avenir. Ainsi, ils ont la possibilité de conserver leurs placements pendant une longue période, parfois même pendant des décennies. Grâce à l'analyse fondamentale, ils savent qu'elle sera payante plutôt que d'espérer qu'elle le sera.

Quand il s'agit de spéculateurs, les choses sont un peu différentes. Nous voyons habituellement des spéculateurs dans tous les types de marchés. Ils optent pour des mouvements de marché à court terme, en espérant que leurs investissements augmenteront en valeur plutôt que de faire une analyse fondamentale et en sachant que leurs investissements augmenteront en valeur. L'objectif est généralement d'obtenir un profit rapide en achetant et en vendant dans un court laps de temps.

Il va sans dire qu'il s'agit d'une stratégie beaucoup plus risquée. La spéculation peut fonctionner à l'occasion, mais à long terme, elle n'est pas viable. Rappelez-vous qu'investir n'est pas jouer. Elle se veut lente et régulière.

Selon Benjamin Graham, de qui Warren Buffett a appris pour la première fois à investir, " une opération de placement est une opération qui, après une analyse approfondie, promet la sécurité du capital et un rendement satisfaisant. Les opérations qui ne répondent pas à ces exigences sont spéculatives."

Protection du capital

Le capital est le montant initial que vous avez placé dans un placement. Tout ce qui est supérieur à ce montant est considéré comme un gain.

Warren Buffett n'est pas resté riche juste parce que la vie le voulait. Il a maintenu sa richesse avec un ensemble de deux règles: "Règle n°1 : ne jamais perdre d'argent. Règle n° 2 : N'oubliez jamais la règle n° 1".

Cela peut sembler simple et évident, mais ce n'est pas si facile à mettre en œuvre dans la pratique. Lorsqu'il s'agit d'investir, surtout au début, il est important de ne pas être avide de rendement et, par conséquent, de mettre votre capital en danger. Il est beaucoup plus facile de perdre de l'argent que de faire de l'argent si vous ne faites pas attention.

J'aime comparer cette idée à l'exercice et à la nutrition. Supposons que vous allez au gymnase et que vous faites de l'exercice à pleine intensité pendant 2 heures. Vous courez sur le tapis roulant pendant 40 minutes exténuantes et faites de l'haltérophilie pendant encore 80 minutes. Au bout du compte, vous êtes épuisé. Maintenant vous rentrez chez vous et vous êtes prêt à prendre un repas bien mérité. Cependant, si vous décidez d'avoir un couple de cheeseburgers, que vous pouvez manger dans les 10-15 minutes, alors beaucoup de ce dur travail que vous avez fait dans le gymnase pendant 2 heures va droit dans le drain.

Si on compare cela à un investissement, disons que vous achetez un bien immobilier au début de l'année, que son prix augmente de 20 % d'ici la fin de l'année et que vous décidez de le vendre. Maintenant, vous prenez cet argent et décidez de l'investir dans une action. Ce titre est risqué en raison des perspectives incertaines de l'industrie, mais il offre la possibilité d'obtenir des rendements importants. Quelques semaines plus tard, de mauvaises nouvelles sur l'ensemble de l'industrie font leur apparition et vos actions chutent de 40 %. Maintenant, les gains qui ont pris une année entière à faire sont partis avec une partie de votre capital. Le tout en quelques semaines.

Investissez dans ce que vous savez

Si vous avez travaillé avec la technologie toute votre vie, alors investissez dans des entreprises liées à la technologie. Si vous êtes dans la construction et avez beaucoup d'exposition aux maisons ou aux propriétés commerciales, alors allez dans les investissements liés à l'immobilier. Si vous estimez que vous n'avez pas suffisamment de connaissances dans un domaine particulier, assurez-vous d'en apprendre davantage à ce sujet avant d'investir.

Warren Buffett définit le risque comme "ne pas savoir ce que tu fais". Par conséquent, la façon la plus évidente de limiter les risques est d'en savoir le plus possible sur votre épargne.

Faites vos devoirs

Il n'y a pas d'investissement magique qui vous fera automatiquement gagner des tonnes d'argent sans avoir à y mettre du travail. Il y a des investissements qui demandent peu de travail, comme nous l'apprendrons plus tard, mais même là, il y a un minimum de recherche à faire.

Pour chaque placement que vous faites, vous devez avoir au moins quelques raisons fondamentales qui vous aideront à vous y tenir, même en cas de volatilité à court terme. Plus vous aurez de raisons d'investir, plus il vous sera facile de vous y tenir à long terme.

Soyez patient et choisissez vos investissements avec soin

Je vous ai déjà montré à quel point la composition est puissante. Cependant, pour que ça marche, il faut apprendre à être patient.

Le pouvoir de la patience est un outil essentiel lorsqu'il s'agit d'investir. Vos investissements ne seront pas rentables si vous vous inquiétez constamment à leur sujet. Vendre et acheter chaque fois que le marché baisse ou se comporte bien, respectivement, ne vous aidera pas à amasser votre patrimoine.

Le rendement à court terme ne devrait pas avoir d'incidence sur vos décisions de placement. La plupart des gens paniquent si quelque chose ne se passe pas comme ils l'espéraient tout de suite. Tant que la raison fondamentale de votre investissement n'a pas changé, il n'y a pas lieu de paniquer.

Si vous avez fait l'analyse appropriée et que vous connaissez votre investissement, tout ce que vous avez à faire est d'être patient et d'attendre les résultats. Comme on dit, c'est la lenteur et la constance qui l'emportent.

Beaucoup de gens associent l'activité au succès. Si vous n'investissez pas constamment, vous prenez du retard. Investir n'implique en fait pas beaucoup d'activité du tout. Vous ne devriez pas investir dans n'importe quelle opportunité qui s'offre à vous. Il est important d'être critique à propos de chaque opportunité. Si vous vous en tenez à un ensemble de critères et à certaines normes, seuls quelques investissements devraient valoir la peine d'être investis.

Le coût d'opportunité est un concept important à comprendre qui aide à limiter le nombre d'investissements que vous faites. Chaque décision d'investissement que vous prenez a un coût d'opportunité qui lui est associé. En termes simples, c'est le coût d'une occasion manquée. Si vous investissez dans quelque chose, cela signifie que vous renoncez à un investissement dans autre chose. Par conséquent, vous devez vous assurer que ce dans quoi vous investissez est meilleur que tous les autres choix possibles. Vous devez donc non seulement vous assurer que votre investissement est excellent en soi, mais aussi qu'il est meilleur que les autres options potentielles.

D'un autre côté, cependant, il est important de ne pas être trop strict et de ne pas laisser passer chaque occasion qui se présente à vous simplement parce que vous pensez qu'il pourrait y avoir une meilleure occasion. La plupart d'entre eux, cependant, vous devriez passer votre tour. Mais lorsque vous trouvez enfin une opportunité qui répond à vos normes strictes et qui est meilleure que les autres options disponibles, vous devriez y investir massivement.

La Qualité contre bon marché

Lorsqu'il s'agit d'investir, nous voulons nous assurer d'obtenir la qualité à un juste prix. Un trop-payé pour une qualité élevée se traduira par de faibles rendements et un sous-paiement pour une qualité médiocre pourrait entraîner une perte de capital. Un équilibre doit donc être atteint. Cela s'accompagne d'une analyse approfondie et d'expérience.

Un conseil commun pour les débutants que j'entends souvent est de commencer par investir dans une entreprise/une action que vous aimez. Très probablement, vous aimez l'entreprise parce qu'elle fabrique d'excellents produits, ce qui indiquerait qu'il s'agit d'une entreprise de qualité, mais cela ne signifie pas qu'elle offre un prix équitable. Bien que ce soit mieux que d'investir dans des actions spéculatives, il existe généralement de bien meilleures options.

Points essentiels

• Pensez comme un investisseur, pas comme un joueur.

• La règle n°1 est de ne jamais perdre d'argent. La règle n°2 est de ne jamais oublier la règle n°1.

• Investissez dans ce que vous savez et ayez de bonnes raisons d'investir dans un certain investissement en effectuant les recherches appropriées.

- Une fois que vous êtes sûr d'un investissement, soyez patient et pensez à long terme.

- Une activité élevée n'est pas synonyme de résultats élevés.

- Viser une qualité supérieure à un prix raisonnable.

Le livre vous plaît ? Laissez un commentaire et laissez-moi savoir ce que vous en pensez !

Chapitre 4 : Se connaître soi-même et son investissement

Quel genre de personnalité avez-vous ?

En tant que débutant, ce chapitre peut être tentant de ne pas prendre les choses aussi au sérieux que les autres. Vous pensez peut-être que vous vous connaissez et que vous pouvez maîtriser vos émotions. Cependant, il est important de noter que même les meilleurs investisseurs peuvent avoir des problèmes avec cela. C'est une de ces choses qui semble très facile et simple à comprendre en théorie, mais qui est en fait difficile à appliquer dans la pratique.

Au début, bon nombre des aspects techniques de l'investissement n'ont peut-être pas de sens tout de suite, mais la psychologie et les émotions qui sous-tendent l'investissement sont quelque chose que la plupart des gens peuvent saisir assez facilement. Par conséquent, portez une attention particulière à ce chapitre parce que si vous pouvez comprendre et appliquer ceci, alors plus de la moitié de la bataille est gagnée.

Vous devez tenir compte de votre personnalité. Êtes-vous une personne typiquement anxieuse ? Tu détestes prendre des décisions ? Êtes-vous sujet à des réactions émotionnelles ?

Si vous répondez par l'affirmative à l'une ou l'autre de ces questions, investir n'est peut-être pas la meilleure option pour vous naturellement. Cependant, vous pouvez toujours vous changer pour le mieux. L'anxiété est quelque chose qui pourrait facilement ruiner votre stratégie de placement, mais elle peut aussi vous rendre plus prudent que les autres. Vous êtes généralement meilleur que la plupart des gens pour être au courant des détails et vous assurer que tout ce qui concerne l'investissement est excellent. Toutefois, il peut être difficile de prendre la décision d'aller de l'avant.

D'un autre côté, si vous êtes plus enclin à être émotif, alors vous pouvez avoir le problème de l'excès d'action. Comme nous l'avons déjà mentionné, il est important de comprendre que plus d'activité ne signifie pas plus de succès dans l'investissement. Il est important d'établir des critères stricts sur lesquels vous basez vos investissements et de ne prendre des décisions que si ces critères sont respectés. Cela aide à garder les choses plus techniques et moins émotionnelles.

La prise de décisions est l'une des étapes les plus importantes de l'investissement. Vous devez examiner attentivement tous les facteurs et en arriver à une conclusion quant à savoir si un certain investissement vaut la peine d'être acheté ou si un investissement existant devrait être vendu. Cela peut être stressant et vous devriez savoir si vous pouvez y faire face.

Pouvez-vous être aussi neutre que possible ?

Gagner un profit ou perdre de l'argent va déclencher une variété d'émotions en vous. Vous pourriez facilement devenir extatique ou en colère, et les émotions positives et négatives peuvent avoir un impact sur vous.

Pour cette raison, la plupart des investisseurs essaient d'être le moins émotifs possible. C'est particulièrement vrai lorsqu'il s'agit d'investisseurs à long terme.

Le fait de détenir des placements qui vous tiennent à cœur pendant une longue période de temps aide à réduire votre niveau de stress. Vous avez fait vos recherches et déterminé qu'il s'agit d'un investissement précieux. Par conséquent, vous savez que toute fluctuation de prix à court terme n'est que du bruit.

L'absence d'émotion est un trait de valeur sur le marché de l'investissement. En mettant vos sentiments de côté, vous favoriserez une pensée claire et prendrez de meilleures décisions.

Les investisseurs à tête brûlée ont plus de chances de perdre tout leur argent. Par contre, ceux qui sont patients et calmes peuvent facilement déterminer si les fluctuations de prix valent la peine qu'on s'y attarde.

Maîtriser ses émotions

C'est plus facile à dire qu'à faire, mais le contrôle de vos émotions est un élément crucial de l'investissement. Les marchés montent et descendent tous les jours. Vous devez être capable de rester tranquille et calme.

Même si les prix de ses investissements baissent, un investisseur intelligent et sans émotion restera calme et ignorant tant que la valeur de l'investissement et ses raisons fondamentales resteront intactes.

Cependant, si vous n'êtes pas doué pour contrôler les émotions (et vous le reconnaissez et l'admettez, ce qui peut être difficile), alors l'investissement passif comme un fonds indiciel est votre meilleure option. Cela sera expliqué plus en détail plus loin.

Connaître votre investissement

Bien que cela ait été mentionné précédemment, il est important de le mentionner à nouveau dans ce chapitre parce qu'il a un impact si important sur la gestion des émotions.

Warren Buffett a dit d'investir uniquement dans votre cercle de compétences, ce que vous connaissez et connaissez bien. Plus important encore, vous devez reconnaître ce que vous ne savez pas et essayer de l'éviter ou d'en apprendre davantage si vous voulez y investir.

Les investisseurs intelligents sont ceux qui savent reconnaître quand une chose a du potentiel et quand elle n'en a pas. Ils utilisent la pensée rationnelle plutôt que les tendances. Suivre le troupeau n'est pas un très bon moyen de gagner de l'argent et d'accumuler de la richesse. Rappelez-vous que pour être au-dessus de la moyenne, vous devez vous éloigner de la moyenne. Même si cela peut être éprouvant sur le plan émotionnel, le jeu en vaut la chandelle.

En investissant dans ce que vous savez et en ayant de solides raisons fondamentales derrière chaque investissement, il est beaucoup plus facile de garder vos émotions sous contrôle et de prendre des décisions logiquement judicieuses.

Points essentiels

• Sois brutalement honnête avec toi-même. Êtes-vous une personne émotive?

• Pouvez-vous contrôler vos émotions ?

• La connaissance de vos investissements aide à maîtriser vos émotions.

• Si vous estimez que vous ne pouvez pas contrôler vos émotions assez bien, alors une stratégie d'investissement passive est recommandée.

Chapitre 5 : Erreurs courantes chez les débutants

Inévitablement, vous commettrez des erreurs dans votre parcours d'investissement, mais il est important d'apprendre de chaque erreur, de comprendre pourquoi elle s'est produite et ce que vous auriez pu faire différemment. Même les investisseurs les plus prospères ont commis des erreurs dans leur carrière. En fait, certaines de leurs erreurs étaient assez graves pour leur coûter toute leur fortune, mais ils avaient la résilience et la force mentale nécessaires pour rebondir. Cependant, une méthode encore meilleure que d'apprendre de ses propres erreurs est d'apprendre des erreurs des autres. Par conséquent, j'ai fourni quelques erreurs courantes que les débutants ont tendance à faire.

La mentalité du joueur

Comme je l'ai prêché à maintes reprises dans ce livre, investir n'est pas la même chose que jouer et spéculer. L'idée n'est pas de devenir riche du jour au lendemain. Plutôt, devenez riche lentement et régulièrement. Évitez les placements qui semblent trop excitants ou qui offrent des rendements qui semblent trop beaux pour être vrais. Il y a de fortes chances qu'ils ne le soient pas. Si l'investissement ne s'avère pas aussi excitant que vous le pensiez, il y a de fortes chances que vous le fassiez bien.

Acheter cher, vendre moins cher.

Les débutants n'ont pas assez d'expérience au début pour faire face rationnellement à une forte baisse des prix. Par conséquent, ils commencent souvent à vendre en panique parce que la peur prend le dessus.

Nous aimons tous prôner l'idée d'acheter bas et de vendre haut, mais le plus souvent, c'est le contraire. En raison du rôle que jouent les émotions, il est difficile d'acheter quand les prix baissent et facile d'acheter quand ils augmentent. Une grande partie de ce phénomène est due à certains biais et systèmes de reconnaissance des formes que nous avons dans notre cerveau. Par exemple, si le cours d'une action augmente, notre cerveau a l'impression qu'il continuera d'augmenter. Il en va de même lorsque le prix baisse.

Cela nous ramène à l'absence d'émotion. Si vous vous exercez à ne pas écouter vos émotions et à raisonner par le biais d'analyses et de recherches appropriées, vous n'entrerez jamais dans un état de panique. Au contraire, vous serez heureux quand le prix baissera parce que cela signifie simplement que vous pouvez acheter encore plus à un prix encore plus bas.

Ne pas comprendre votre investissement.

Votre meilleur ami vous donne un conseil sur une entreprise locale qui est à vendre. Le propriétaire prend sa retraite et veut la vendre au plus vite, alors il propose de vendre à bas prix. Vous n'y avez jamais fait du shopping et vous n'en savez pas grand-chose. Vous savez cependant qu'il y a toujours beaucoup de monde et que les affaires semblent être bonnes.

Devriez-vous l'acheter ? Si vous faites assez de recherches pour en savoir plus sur l'entreprise et son fonctionnement, alors peut-être. Mais alors vous devez également confirmer les données financières de l'entreprise et voir si elle réalise vraiment de solides profits.

Ce n'est qu'une fois que vous avez confiance en son efficacité, plutôt que d'espérer qu'elle fonctionnera, que vous devriez investir. Cette même logique peut et doit s'appliquer à tout investissement que vous faites.

Pas assez de recherché

Je vais le répéter brièvement une dernière fois. N'investissez jamais aveuglément dans un investissement en espérant que quelque chose se passera bien. Vous devriez avoir l'assurance que tout se passera bien. Cela ne veut pas dire que vous devez être sûr à 100 % qu'il en sera ainsi, mais la probabilité devrait être fortement en votre faveur.

Ne pas planifier à l'avance

Faire un plan d'investissement n'a peut-être pas l'air passionnant, mais cela pourrait vous aider de façon significative dans votre cheminement vers une retraite hâtive.

Tout comme pour les plans de marketing, les plans d'investissement doivent être détaillés et adaptés à vos propres besoins. Vous ne pouvez pas simplement dire : "Je veux gagner beaucoup d'argent."

Par conséquent, avant d'investir dans divers instruments financiers, il est essentiel d'énumérer vos principaux objectifs. Combien aimeriez-vous gagner ? Avez-vous réfléchi à vos prochains investissements ? Quel niveau de risque êtes-vous prêt à prendre et combien pouvez-vous réellement supporter ? Quel est votre horizon temporel ? Dressez la liste de vos objectifs et vous vous concentrerez facilement sur ceux-ci.

En cours de diversification

L'une des composantes les plus importantes de votre carrière en placement devrait être la diversification. En d'autres termes, ne mettez pas tous vos œufs dans le même panier.

Par exemple, en ce qui concerne les stocks, vous pourriez être intéressé par la technologie en particulier. Cependant, si vous investissez et réinvestissez dans le même secteur tout le temps, cela signifierait que tous vos actifs sont dans un seul secteur. Ainsi, si quelque chose se produit dans le secteur de la technologie qui fait chuter les prix, vous subirez des pertes importantes.

Par conséquent, la création d'un portefeuille diversifié devrait être l'un de vos objectifs. Il devrait y avoir une certaine diversification à tous les niveaux de vos classes d'actifs (actions, obligations, immobilier, etc. sont toutes des classes d'actifs différentes). Par exemple, dans votre portefeuille d'actions, vous devriez avoir quelques actions du même secteur ainsi que des actions d'autres secteurs. De plus, vous pouvez investir dans des entreprises de plus petite taille ainsi que dans certaines grandes entreprises.

Un autre exemple pourrait être celui de l'immobilier. Vous pourriez acheter différents types de propriétés comme des maisons à un étage, des duplex, des appartements, etc. Vous pourriez vous lancer dans l'immobilier commercial ou même acheter des propriétés dans différentes villes.

Enfin, vous devriez essayer d'investir dans différentes catégories d'actifs dont nous parlerons dans le prochain chapitre. L'élaboration d'un plan d'investissement complet vous aidera à déterminer ce qui est le mieux pour vous.

Une diversification excessive

Il est facile de se laisser entraîner dans la diversification. C'est l'un des concepts dont j'entends le plus parler en matière d'investissement. Il y a cependant quelques problèmes de diversification.

L'une d'elles est qu'il devient difficile de faire le suivi de tous vos placements lorsque vous en avez trop.

Deuxièmement, elle conduit à des rendements moyens. Il est très peu probable que vous ayez la plus grande confiance dans tous les investissements que vous faites, par conséquent beaucoup d'entre eux finiront par avoir de mauvais résultats parce que vous venez d'investir dans eux dans un but de diversification. Cela finit par diluer les résultats des investissements qui se sont bien comportés (puisque vous avez fait des recherches approfondies).

C'est pourquoi, comme pour tout, il est essentiel de trouver un équilibre dans la diversification. Investissez dans suffisamment d'actifs différents pour que le risque soit réparti, mais pas au détriment de vos rendements. Par exemple, dans les actions, posséder 15 à 20 actions à la fois est plus que suffisant.

Être impatient

Vos émotions peuvent mener à une poussée d'impatience si vous voyez beaucoup de gens investir dans quelque chose ; vous ne voulez pas le rater. Vous pouvez même vendre l'un de vos meilleurs investissements, dont le rendement est faible à court terme, mais qui finira par prendre de l'ampleur. L'instant d'après, l'investissement a chuté de 30% alors que celui que vous avez vendu est maintenant en hausse de 20%.

La patience est une vertu que vous devez cultiver. Les investissements à long terme s'avèrent payants au bout d'un certain temps et se traduisent par beaucoup moins de stress. Passer d'un investissement à l'autre est un signe évident d'impatience de la part d'un investisseur.

Confiance excessive

Je ne dis pas que vous ne devriez pas avoir confiance en vos propres capacités d'investissement. La confiance est vitale si vous voulez réussir. Pourtant, il y a quelque chose à dire au sujet de l'excès de confiance. Elle peut nous gêner de façon importante et brouiller notre esprit.

Vous pourriez penser qu'un certain investissement a du potentiel. Depuis que vous avez été sur une série de victoires, vous vous sentez confiant que vous avez raison à ce sujet aussi bien. Donc, vous décidez de ne pas faire les recherches appropriées et d'investir quand même.

Cela n'aboutira probablement pas à un bon résultat. Vous pourriez avoir de la chance et que certains investissements fonctionnent, mais si vous en prenez l'habitude, cela finira par vous surprendre.

Investir avec de l'argent que vous ne pouvez pas vous permettre de perdre

La façon la plus facile d'éprouver de la peur, de la cupidité et d'autres émotions négatives est d'investir avec de l'argent que vous ne pouvez pas vous permettre de perdre. Vous êtes émotionnellement lié à cet argent qui mène à de mauvaises décisions, comme nous l'avons vu précédemment. En investissant avec de l'argent dont vous n'avez pas absolument besoin, vous serez beaucoup plus détendu et, par conséquent, vous prendrez de bien meilleures décisions de placement.

Chapitre 6 : Par où commencer ?

Dans quoi pouvez-vous investir ?

Vous avez probablement déjà entendu parler des classes d'actifs. La plupart des titres financiers sont regroupés et les catégories sont basées sur leur similitude.

Voici les cinq générales dans lesquelles la plupart des gens investissent :

Stocks ou actions. Lorsque vous achetez une action, vous achetez une partie de cette société et devenez ainsi actionnaire.

Immobilier. Vous pouvez acheter une propriété résidentielle ou commerciale. La plupart des fonds se concentrent sur les propriétés commerciales, mais vous pouvez toujours acheter vous-même des propriétés résidentielles ou des propriétés commerciales. Avec la deuxième option, vous avez plusieurs choix différents tels que retourner, réparer et vendre, louer, etc. La barrière à l'entrée est toutefois plus élevée, car il faut plus de capitaux.

Cash. Cela inclut également les équivalents de trésorerie. Ceux-ci sont généralement à faible rendement (votre compte d'épargne par exemple) et ne devraient généralement être utilisés que pour le court terme.

Produits de base. Cela comprend une variété d'investissements, comme le pétrole et le gaz. En outre, vous pouvez également investir dans des métaux précieux et industriels, ainsi que dans des matières premières agricoles. Ceux-ci sont fortement influencés par l'offre et la demande.

Obligations. Également connus sous le nom de titres à revenu fixe. La plupart d'entre eux sont émis par le gouvernement ou par des entreprises qui ont besoin d'investisseurs pour les financer. En termes simples, vous accordez un prêt qui est remboursé sur la durée de votre choix et à un taux d'intérêt qui dépend de la durée, du risque associé à l'obligation et des taux d'intérêt fixés par un organisme directeur tel que la Réserve fédérale. Ils offrent généralement des rendements inférieurs, mais sont aussi beaucoup moins risqués que d'autres placements.

Quel est le meilleur choix pour les débutants ?

Vous savez déjà qu'investir n'a pas besoin d'être complexe. Pourtant, il est essentiel de continuer à apprendre et à vous familiariser avec le plus de matériel d'investissement possible. Pour beaucoup d'entre vous, c'est peut-être le premier livre d'investissement que vous prenez, mais ce ne devrait pas être le dernier. Nous espérons que vous avez acquis des connaissances sur les principes fondamentaux du placement, mais il vous reste encore beaucoup à apprendre si vous voulez maximiser votre potentiel.

À mon avis, investir dans des actions est la meilleure option pour vous tant que vous avez un horizon de placement suffisamment long (au moins 10 ans). Ils offrent les meilleurs rendements en contrepartie de la faible quantité de travail relatif qu'ils exigent par rapport à d'autres investissements. De plus, ils n'exigent pas que vous disposiez d'un capital important pour démarrer. Vous pouvez facilement commencer avec aussi peu que 1000 $.

Vous pouvez commencer par suivre vos entreprises préférées ainsi que différentes entreprises qui ont un historique de bénéfices constants et un fort fossé économique. Immergez-vous dans la culture d'investissement. Une fois que vous aurez acquis plus de connaissances et que vous serez en mesure de décider quelle entreprise est la meilleure pour vous, vous pourrez commencer à y investir votre argent.

Bien que ce livre n'entre pas dans les détails sur la façon de choisir les actions et d'évaluer les entreprises, vous avez les connaissances fondamentales de base sur ce que vous aurez besoin de rechercher et ce dont vous devez être prudent. Entre-temps, pendant que vous apprenez, commencez par investir dans des fonds indiciels qui ne nécessitent qu'un minimum de recherche puisqu'ils contiennent un panier de sociétés et suivent le marché.

Un fonds indiciel est essentiellement une collection d'actions qui suivent un certain indice boursier. Par exemple, le S&P 500, qui se compose des 500 plus grandes sociétés les plus importantes en Amérique selon la capitalisation boursière, est un indice boursier. Quand les gens parlent de battre le marché, ils parlent d'un certain indice.

Quand il s'agit d'actions, tout le monde veut battre le marché, mais ce que beaucoup ne réalisent pas, c'est que seulement 50% des gens peuvent battre le marché parce qu'il doit y avoir 50% qui ne le font pas. Par conséquent, si vous suivez simplement les rendements du marché et que vous les égalez, vous battez automatiquement 50 % des gens. Considérant que beaucoup de ces personnes sont des professionnels de Wall Street avec des diplômes de fantaisie, c'est quelque chose dont on peut être fier en tant qu'investisseur débutant.

Recherchez les fonds indiciels dont les coûts sont faibles. Je vous recommande fortement de commencer par examiner celles offertes par Vanguard.

Si vous croyez que l'économie américaine ou n'importe quel indice boursier dans lequel vous investissez s'effondrera à l'avenir, alors n'investissez pas dans ce marché. Mais en investissant dans un marché comme le S&P 500, vous investissez dans l'économie américaine qui ne fera probablement pas faillite de sitôt.

Rappelez-vous que même si un krach boursier se produit, vous avez la possibilité d'acheter plus à un prix encore plus bas. "Ayez peur quand les autres sont avides et avides quand les autres sont craintifs." - Warren Buffett

Avant de commencer à investir au-delà des fonds indiciels

Il existe des mesures simples que vous pourriez prendre pour vous préparer à investir. Aussi, n'oubliez pas de relire ce livre avant de commencer, surtout les sections sur les principes fondamentaux et les erreurs courantes :

Faites un plan. N'investissez jamais sans un plan d'investissement approprié. Non seulement votre rendement sera pire, mais vous pourriez aussi subir des pertes importantes. Pour cette raison, prenez votre temps et pensez vraiment à ce que vous voulez réaliser. Examinez différents actifs et apprenez-en davantage sur différents secteurs. Voyez dans quoi vous aimeriez investir, puis établissez vos objectifs à long terme.

Diversifiez toujours, mais n'en faites pas trop. Un investisseur avisé reconnaîtra les occasions qui se présentent dans différents secteurs d'investissement. Ce n'est pas parce que vous savez une chose ou deux sur la technologie que vous devriez nécessairement y investir tout votre argent. La diversification est essentielle lorsqu'il s'agit de bâtir un portefeuille équilibré, alors assurez-vous d'investir dans une variété d'actions (ce qui est probablement votre point de départ) et de passer à d'autres catégories d'actifs. Mais, comme nous l'avons déjà dit, n'en faites pas trop.

Investissez toujours à long terme. Si vous voulez minimiser les frais et les impôts dans le cas des actions, le placement à long terme est la meilleure option. En ce qui concerne l'investissement en général, il est beaucoup moins stressant et donne de meilleurs rendements. Ce n'est peut-être pas aussi excitant que l'achat et la vente à court terme, mais rappelez-vous que plus l'investissement est ennuyeux, plus il a de chances de fonctionner.

Faites les recherches appropriées et croyez en votre jugement. Si vous avez fait les efforts nécessaires et que vous avez recherché tous les détails, il est peu probable que vos placements affichent un rendement médiocre. Les marchés peuvent être très volatils, mais avec les recherches appropriées, vous n'avez pas à paniquer chaque fois que les prix baissent.

Moins, c'est plus. La plupart des idées d'investissement potentielles que vous rencontrez devraient être rejetées. Rappelez-vous que l'activité n'est pas synonyme de succès en matière d'investissement. En fait, c'est le contraire qui est vrai. Recherchez un investissement qui se démarque vraiment et qui répond à vos critères, et n'oubliez pas les coûts d'opportunité.

Investissez avec ce que vous pouvez vous permettre. Si vous investissez avec seulement l'argent que vous pouvez vous permettre de perdre, alors vous serez toujours dans un état plus détendu, ce qui vous permettra de prendre de meilleures décisions d'investissement et moins de maux de tête. Rappelez-vous que les émotions jouent un rôle important dans l'investissement. En ne faisant pas cette erreur, vous êtes déjà à un avantage pour contrôler vos émotions.

Connais-toi toi-même. Je vous encourage à essayer d'investir dans différents domaines, mais si vous vous rendez compte que vous n'êtes pas émotionnellement prêt pour cela (ce qui est difficile à admettre !), alors continuez à investir dans des fonds indiciels et restez-y. Investir dans des marchés puissants, comme le S&P 500 (et ses équivalents), produira des résultats étonnants au fil du temps grâce à la capitalisation.

Le plus important est de commencer le plus tôt possible.

En termes d'investissement, le temps est votre atout le plus important en raison de la façon dont la capitalisation fonctionne. Rappelons les différents résultats de l'exemple du chapitre 2 que 5 ans ont fait en termes de retours générés. De plus, si vous commencez tôt, vous aurez plus de temps pour épargner de l'argent. Cela signifie non seulement que vous utiliserez les intérêts composés à votre avantage, mais que vous serez également en mesure de prendre plus de risques. Les personnes âgées proches de la retraite tentent souvent de résister à la tentation d'investir massivement dans les actions et optent plutôt pour des placements moins risqués comme les obligations.

Prendre plus de risques ne signifie pas que vous ne devriez pas faire les recherches appropriées et être sûr de vos investissements. Cela signifie que même si vous vous trompez sur un investissement (après 2 ans, votre investissement n'est toujours pas très élevé), alors vous pouvez vous permettre cette erreur. Mais, assurez-vous d'apprendre pourquoi cela s'est produit et comment vous pouvez empêcher que cela ne se reproduise.

Faites une liste de contrôle de toutes les erreurs que vous faites afin de ne pas les répéter à nouveau. Il n'y a aucune raison de craindre des pertes si vous vous entraînez à devenir un investisseur sans émotion. De plus, les jeunes adultes peuvent faire face à plus de pression puisque la retraite est généralement encore lointaine.

L'investissement n'est pas aussi complexe que beaucoup le perçoivent. Avec de bonnes connaissances et une volonté d'apprendre, vous aussi, vous pouvez créer un style de vie que vous avez toujours voulu. La persévérance et le temps sont les points clés. En cultivant ces caractéristiques, votre patrimoine augmentera d'année en année.

Voici d'autres avantages à investir dans votre jeunesse : Vous aurez un meilleur mode de vie à l'avenir. La plupart des jeunes adultes ont d'énormes dettes d'études qu'ils doivent rembourser. En outre, les taux d'emploi peuvent être faibles, ce qui peut également influencer leur mode de vie. Cependant, une fois que vous commencez à investir l'argent que vous avez, au lieu de le dépenser pour des choses dont vous n'avez pas besoin, vous commencerez bientôt à voir les résultats. Investir à long terme signifie que vous investissez dans votre avenir, et cela vous donnera de nombreuses occasions auxquelles vous n'auriez peut-être même pas pensé. Même si vous n'investissez qu'avec votre salaire standard, si vous avez suffisamment de temps, vous avez devant vous un plan de retraite somptueux, une nouvelle maison, des fonds universitaires pour vos enfants et de nombreux autres avantages.

Vous réduirez vos habitudes de dépense. Investir exige que vous preniez une responsabilité financière que vos parents n'auraient peut-être pas installée en vous lorsque vous étiez enfant. Cela mène souvent à des dépenses irrationnelles et à de la difficulté à joindre les deux bouts. Néanmoins, lorsque vous deviendrez un investisseur, vous suivrez un budget plus strict et travaillerez vers vos objectifs à long terme.

Commencez à investir tôt et créez le style de vie que vous avez toujours voulu. Investissez en vous-même quand vous le pouvez, et ne craignez jamais l'échec. Je suis certain que vous obtiendrez des résultats incroyables.

Conclusion

Merci encore de télécharger ce livre !

J'espère que vous avez été en mesure d'obtenir une introduction bien fondée à l'investissement et qu'elle peut vous faire progresser vers de nouveaux niveaux de richesse.

L'étape suivante consiste à continuer d'approfondir vos connaissances en apprenant davantage et en commençant à appliquer tout ce que vous apprenez. L'application des connaissances est la différence entre ceux qui réussissent et ceux qui ne font que regarder.

Enfin, si vous avez aimé ce livre, n'hésitez pas à laisser un commentaire. Ce serait très agréable !

Merci et bonne chance dans votre cheminement vers l'autonomie financière!